ANTONIO LUIZ R. CEDRAZ

a turma do
XAXADO

VAMOS REZAR

Dados Internacionais de Catalogação na Publicação (CIP)
(Câmara Brasileira do Livro, SP, Brasil)

Cedraz, Antonio Luiz R.
Vamos rezar : a turma do xaxado / Antonio Luiz R. Cedraz – 6. ed. – São Paulo : Paulinas, 2012.

ISBN 978-85-356-2981-1

1. Histórias em quadrinhos 2. Literatura infantojuvenil I. Título.

11-13381 CDD-028.5

Índice para catálogo sistemático:

1. Histórias em quadrinhos : Literatura infantojuvenil 028.5

6ª edição – 2012
6ª reimpressão – 2023

Revisado conforme a nova ortografia.

Direção-geral: *Flávia Reginatto*
Editora responsável: *Maria Alexandre de Oliveira*
Auxiliar de edição: *Rosane Aparecida da Silva*
Coordenação de revisão: *Marina Mendonça*
Revisão: *Ana Cecilia Mari*
Direção de arte: *Irma Cipriani*
Gerente de produção: *Felício Calegaro Neto*
Projeto gráfico e editoração: *Manuel Rebelato Miramontes*

Paulinas

Rua Dona Inácia Uchoa, 62
04110-020 – São Paulo – SP (Brasil)
Tel.: (11) 2125-3500
http://www.paulinas.com.br – editora@paulinas.com.br
Telemarketing e SAC: 0800-7010081

Você conhece a turma do XAXADO?

CRIADA PELO CARTUNISTA BAIANO ANTONIO CEDRAZ, A TURMA DO XAXADO É FORMADA POR PERSONAGENS TIPICAMENTE BRASILEIROS, CADA UM COM SEU JEITO PRÓPRIO DE FALAR, PENSAR E AGIR, VINDOS DE VÁRIAS CLASSES ECONÔMICAS E COM DIFERENTES GRAUS DE INSTRUÇÃO.

É UMA TURMINHA HETEROGÊNEA COMO O POVO BRASILEIRO. AS HISTORINHAS DA TURMA DO XAXADO FALAM DAS COISAS DA NOSSA TERRA, DOS NOSSOS ENCANTOS E PROBLEMAS, MAS SEM PERDER DE VISTA A UNIVERSALIDADE DA EXPERIÊNCIA HUMANA.

VAMOS REZAR

a turma do XAXADO
OI, MEU NOME É XAXADO...
CEDRAZ

MINHA MÃE ME ENSINOU A REZAR, E EU REZO TODOS OS DIAS, PELA MANHÃ E À NOITE, QUANDO VOU DORMIR.

TAMBÉM REZO SEMPRE QUE SINTO NECESSIDADE DE ESTAR MAIS PERTO DE DEUS, OU QUANDO PRECISO DE SUA AJUDA.

A ORAÇÃO É O ALIMENTO DA VIDA DO CRISTÃO, E A NOSSA ALMA PRECISA DESSE ALIMENTO ESPIRITUAL PARA PODER CONSERVAR VIVA A **FÉ**, A **ESPERANÇA** E O **AMOR EM DEUS.**

É BOM A GENTE REZAR, TANTO SOZINHO COMO ACOMPANHADO. MAS É SEMPRE MELHOR REZAR JUNTO À FAMÍLIA E À COMUNIDADE.

PARA REZAR, NÓS TEMOS QUE VOLTAR O PENSAMENTO A DEUS E SERMOS SINCEROS E FIÉIS A SEUS ENSINAMENTOS.

NO COMEÇO DA ORAÇÃO, DEVEMOS NOS PERSIGNAR, OU SEJA, FAZER COM O POLEGAR DA MÃO DIREITA TRÊS CRUZES, UMA NA TESTA, OUTRA NA BOCA E A ÚLTIMA NO PEITO, DIZENDO:
PELO SINAL DA SANTA CRUZ, LIVRAI-NOS DEUS, NOSSO SENHOR, DOS NOSSOS INIMIGOS.

E ENTÃO, FAZER O SINAL-DA-CRUZ.
EM NOME DO PAI, DO FILHO E DO ESPÍRITO SANTO.
AMÉM!

PAI-NOSSO

O PAI-NOSSO É A ORAÇÃO QUE JESUS ENSINOU A SEUS AMIGOS, OS DISCÍPULOS.
ELA ESTÁ NO EVANGELHO DE MATEUS, CAPÍTULO 6, DO VERSÍCULO 9 ATÉ O 13.

ORAÇÃO DO PAI-NOSSO
PAI NOSSO QUE ESTAIS NOS CÉUS, SANTIFICADO SEJA O VOSSO NOME,

VENHA A NÓS O VOSSO REINO, SEJA FEITA A VOSSA VONTADE, ASSIM NA TERRA COMO NO CÉU;

O PÃO NOSSO DE CADA DIA NOS DAI HOJE,

PERDOAI-NOS AS NOSSAS OFENSAS,

ASSIM COMO NÓS PERDOAMOS A QUEM NOS TEM OFENDIDO;
!
!
!

E NÃO NOS DEIXEIS CAIR EM TENTAÇÃO, MAS LIVRAI-NOS DO MAL.

AVE-MARIA

A AVE-MARIA É UMA DAS MAIS ANTIGAS ORAÇÕES DOS CRISTÃOS.

A PRIMEIRA PARTE FOI TIRADA DO EVANGELHO DE LUCAS, CAPÍTULO 1, VERSÍCULOS 28 E 42.

A SEGUNDA PARTE FOI COMPOSTA PELA IGREJA. NELA SE INVOCA MARIA, A MÃE DE DEUS, PEDINDO SUA INTERCESSÃO.

ORAÇÃO DA AVE-MARIA
AVE, MARIA, CHEIA DE GRAÇA,
O SENHOR É CONVOSCO;

BENDITA SOIS VÓS ENTRE AS MULHERES

E BENDITO É O FRUTO DO VOSSO VENTRE, JESUS.

SANTA MARIA,
MÃE DE DEUS,

ROGAI POR NÓS, PECADORES, AGORA E NA HORA DE NOSSA MORTE.
AMÉM.

ANJO-DA-GUARDA

OS ANJOS DA GUARDA SÃO ESPÍRITOS CELESTES. DEUS ENVIA A CADA PESSOA UM ANJO, PARA PROTEGÊ-LA E CONDUZI-LA PELOS BONS CAMINHOS.

SE A TI ME CONFIOU A PIEDADE DIVINA,

SEMPRE ME REGE, GUARDA,
ESCOLA

GOVERNA E ILUMINA.
AMÉM.

SEMPRE QUE TERMINO MINHAS ORAÇÕES, EU REZO O GLÓRIA-AO-PAI:

GLÓRIA AO PAI, AO FILHO E AO ESPÍRITO SANTO.
COMO ERA NO PRINCÍPIO, AGORA E SEMPRE AMÉM.

PAI-NOSSO

PAI NOSSO QUE ESTAIS NOS CÉUS,
SANTIFICADO SEJA O VOSSO NOME,
VENHA A NÓS O VOSSO REINO,
SEJA FEITA A VOSSA VONTADE,
ASSIM NA TERRA COMO NO CÉU;
O PÃO NOSSO DE CADA DIA NOS DAI HOJE,
PERDOAI-NOS AS NOSSAS OFENSAS,
ASSIM COMO NÓS PERDOAMOS
A QUEM NOS TEM OFENDIDO;
E NÃO NOS DEIXEIS CAIR EM TENTAÇÃO,
MAS LIVRAI-NOS DO MAL.

AVE-MARIA

AVE, MARIA, CHEIA DE GRAÇA,
O SENHOR É CONVOSCO;
BENDITA SOIS VÓS ENTRE AS MULHERES
E BENDITO É O FRUTO
DO VOSSO VENTRE,
JESUS.
SANTA MARIA, MÃE DE DEUS,
ROGAI POR NÓS, PECADORES,
AGORA E NA HORA
DE NOSSA MORTE.
AMÉM.

ANJO-DA-GUARDA

SANTO ANJO DO SENHOR,
MEU ZELOSO GUARDADOR,
SE A TI ME CONFIOU
A PIEDADE DIVINA,
SEMPRE ME REGE, GUARDA,
GOVERNA E ILUMINA.
AMÉM.

Rua Dona Inácia Uchoa, 62
04110-020 – São Paulo – SP (Brasil)
Tel.: (11) 2125-3500
http://www.paulinas.com.br – editora@paulinas.com.br
Telemarketing e SAC: 0800-7010081